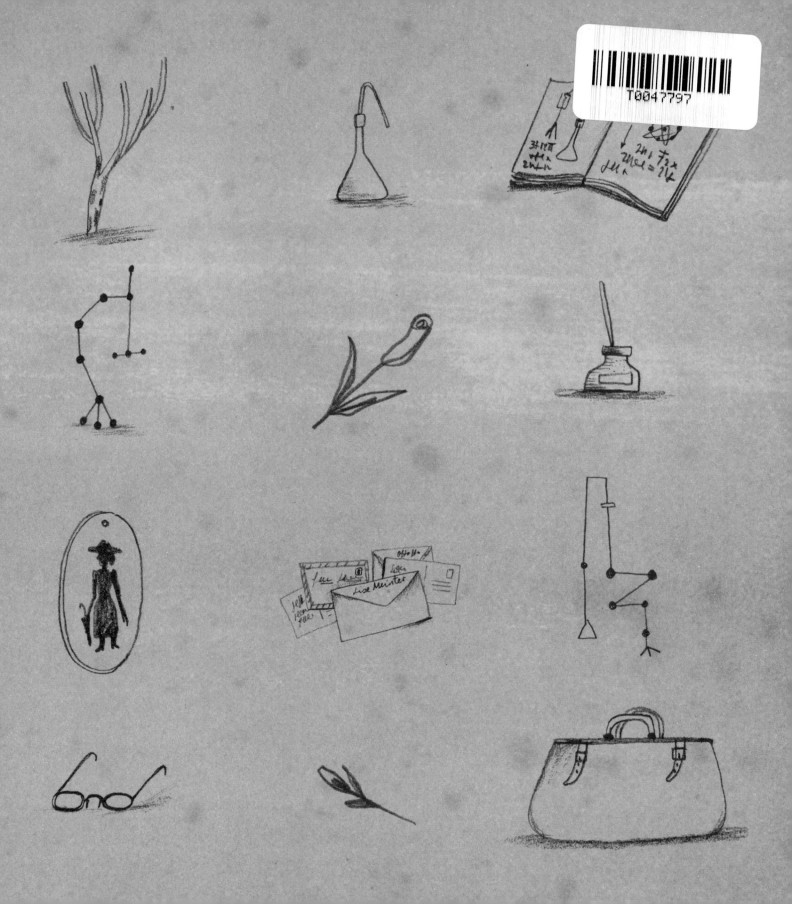

Con la colección **Unicornio**, desde Vegueta Ediciones queremos realizar nuestra particular aportación al proyecto universal más apasionante que existe, el de la educación infantil y juvenil. Como una varita mágica, la educación tiene el poder de iluminar sombras y hacer prevalecer la razón, los principios y la solidaridad, impulsando la prosperidad.

Genios de la Ciencia, la serie de biografías de científicos e inventores, pretende aproximar a los niños a aquellos grandes personajes cuyo estudio, disciplina y conocimiento han contribuido al desarrollo y la calidad de vida de nuestra sociedad.

Textos: Mónica Rodríguez
Ilustraciones: Àfrica Fanlo
Diseño: Sònia Estévez
Maquetación: Candela Ferrández
© Vegueta Ediciones

Roger de Llúria, 82, principal 1ª
08009 Barcelona

General Bravo, 26
35001 Las Palmas de Gran Canaria
www.veguetaediciones.com

ISBN: 978-84-17137-12-0
Depósito Legal: B 2388-2018

Impreso y encuadernado en España

FSC
www.fsc.org
MIXTO
Papel procedente de
fuentes responsables
FSC° C125125

GENIOS DE LA CIENCIA

LISE MEITNER

LA FÍSICA QUE INICIÓ LA ERA ATÓMICA

TEXTOS MÓNICA RODRÍGUEZ
ILUSTRACIONES ÀFRICA FANLO

Vegueta Unicornio

—No es necesario que la vida sea fácil —dijo Lise Meitner, volviendo hacia mí sus ojos plateados y penetrantes—, pero sí que no esté vacía.

Era una anciana frágil, menuda y pálida. Corría el año 1966 y yo ayudaba a mi padre con el correo. Acababa de entregarle una carta. No era la primera vez que le llevaba una, pues las recibía de todas las partes del mundo. Con mis apenas diez años, no comprendí del todo sus palabras, pero me gustaron. La miré curioso. Entonces añadió:

—Tuve una vida difícil, viví dos guerras, me vi obligada a huir, vi morir a muchos de los míos, no tuve marido ni hijos. Pero mi vida ha sido plena. ¿Y sabes por qué? —Yo negué con la cabeza—. Pues porque pude dedicarme en cuerpo y alma a mi gran pasión, la física. También porque tuve grandes y buenos amigos.

Hizo un gesto para que me sentara y entonces Lise Meitner empezó a contarme su vida en aquel aire de septiembre frío y luminoso. Algo en la carta le había despertado los recuerdos. Yo la escuchaba hipnotizado por su voz dulce y porque, sin duda, era una mujer cercana y sabia. Y en eso no me equivocaba. Lise Meitner había sido una excelente investigadora en física nuclear y sus investigaciones dieron inicio a la era atómica. Tanto aportó a la ciencia que sin duda mereció el Premio Nobel. Sin embargo, nunca se lo concedieron.

«Creo que los jóvenes reflexionan sobre cómo les gustaría que se desarrollara su vida, y cuando he hecho esto, siempre he llegado a la conclusión de que la vida no tiene que ser fácil, con tal de que no esté vacía.»

Lise nació en Viena en 1878, en un antiguo barrio judío. Su padre, Philipp, era abogado. Su madre, Hedwig, tocaba el piano y daba lecciones de música a sus ocho hijos. La casa siempre estaba llena de amigos y de libros. Lise era muy curiosa.

—¿Por qué hay un arcoíris ahí? —preguntó la niña un día mientras paseaban, señalando el charco irisado bajo sus botas de agua.

—¡Siempre con tus preguntas! —se quejó la abuela, tironeándola de la mano.

Cuando llegaron a casa, Lise corrió a terminar su bordado para el colegio.

—Ni se te ocurra coser en Sabbat —le reprendió la abuela—. El cielo se desplomaría. ¿No ves que no se puede trabajar en sábado?

La abuela seguía manteniendo la fe judía. Lise frunció el ceño y ladeó la cabeza. Conque el cielo se desplomaría, ¿eh? Corrió hacia la ventana y clavó la aguja en su bordado, desafiante. Había nubes y un hilo de luz ribeteaba el horizonte. Pero el cielo no se desplomó. Satisfecha, la niña miró a su abuela y siguió cosiendo.

Por la noche, Lise se acostaba con un libro de matemáticas. Colocaba la almohada en la rendija de la puerta para que no la descubrieran. Su hermana Gusti era un prodigio con el piano. Ella pensaba que, de alguna manera, los números también tejían su música en el universo.

⚛ La fe judía y el Sabbat

Para las personas de religión judía, el Sabbat, o sábado, es el día sagrado de la semana. Según su creencia, Dios hizo el mundo en seis días y descansó el séptimo, el sábado. Los judíos, en honor a su Dios, también descansan en Sabbat y dedican ese día a disfrutar de una mayor paz y armonía que durante el resto de la semana.

A los trece años Lise había terminado los estudios que podían cursar las chicas por aquel entonces. Pero ella quería seguir aprendiendo, quería estudiar matemáticas.

—Me temo que eso no es posible. Las leyes no lo permiten. Matricúlate en Magisterio y así, en caso de necesidad, podrás dar clases en un colegio de señoritas —le sugirió su padre.

Lise sentía que aquello era una tremenda injusticia. ¿Por qué las mujeres no podían ir al instituto y a la universidad como los hombres? Siguió el consejo de su padre y se matriculó en francés. Además, hacía de tutora de chicas más jóvenes y trabajaba como voluntaria en escuelas para pobres. Un día, al regresar a casa, su hermana mayor, Gisele, la recibió con alborozo.

—¡Lise, Lise, el gobierno ha cambiado las leyes! Las mujeres podemos ir a la universidad. Pero hay que estudiar mucho y pasar un examen, el Matura.

Lise, que tenía entonces dieciocho años, dejó caer la bolsa cargada con los cuadernos de la escuela y se llevó las manos a las mejillas.

—¡Lo conseguiremos! —exclamó con firmeza. Las dos hermanas se tomaron de las manos y sonrieron.

Durante dos años, Lise preparó el Matura. El día del examen se presentaron catorce chicas, todas con sus faldas hasta el suelo, sus corpiños y sus sombreros en forma de torta. Los chicos del instituto las miraban; eran extrañas en aquel mundo de hombres.

Lise Meitner estaba a punto de cumplir 23 años cuando empezó a estudiar en la universidad. Era morena, menuda, a su modo radiante, tímida y terca.

Sentada en el aula escalonada, rodeada de muchachos de traje y corbata, Lise vio llegar al profesor Boltzmann. Era un hombre enérgico, corpulento, de largas barbas rojizas. Imantaba el aire al caminar, y al subirse al estrado comenzó a hablar de forma apasionada. Lise sintió que aquel hombre le ofrecía un mundo totalmente nuevo y maravilloso: la física, el afán de conocer la materia, la búsqueda honesta y profunda de la verdad.

—Sin embargo —me dijo la anciana, sonriendo dulcemente aquella tarde de septiembre que le llevé el correo—, yo no veía muy claro si podría convertirme en una mujer de ciencia. Era un mundo de hombres y estaba lleno de dificultades para nosotras.

«Amo la física con todo mi corazón... Es como un amor personal, como el que se le tiene a alguien a quien una tiene mucho que agradecerle.»

La física

La física es la rama de las ciencias que estudia las leyes que explican los fenómenos de la naturaleza, con el apoyo de las matemáticas. Presta atención tanto a las partículas más diminutas y elementales como a las estrellas más grandes del universo.

En febrero de aquel mismo año, Lise se doctoró en Física con las mejores calificaciones. Empezó a investigar con el físico Stefan Meyer sobre un tema novedoso: un tipo de materia que emitía una radiación invisible, muy energética, y que al hacerlo cambiaba de naturaleza. La radiactividad. ¿No era asombroso? Cuando estaba en el laboratorio, rodeada de las muestras radiactivas y los aparatos de medida, Lise sentía que aquel era su mundo.

—Decidí irme a Berlín a seguir aprendiendo. Allí daba clase el prestigioso físico Max Planck —me explicó la anciana—. Por fortuna, mi padre me respaldaba. Pero ¿cuántas mujeres carecían del apoyo familiar y el dinero?

Berlín era una de las grandes capitales de la ciencia. Planck era un hombre recto, honesto, tímido y profundamente inteligente. A pesar de que no estaba a favor de que las mujeres estudiaran, apoyó a Lise y la invitaba a menudo a su casa, cerca de los pinares de la ciudad. Allí disfrutaba de las veladas musicales en compañía de las hijas gemelas de Planck. Él interpretaba música de cámara al piano. A veces lo acompañaba al violín otro célebre científico: Albert Einstein.

Además de las clases teóricas con Planck, Lise quería llevar a cabo algunos experimentos. Otto Hahn, un joven químico, le propuso trabajar con él en el instituto que dirigía Emil Fischer.

—Siempre he sido reacio a aceptar mujeres en mis laboratorios —les dijo Fischer, mirándoles a través de los binóculos y frotándose la barba—. Una vez tuve una estudiante rusa que llevaba un peinado exótico y siempre me dio miedo que se le prendiera fuego con el mechero Bunsen del laboratorio.

¡Tal vez Fischer pensaba que sus barbas eran resistentes al fuego! Por fortuna, Planck intercedió y finalmente Lise pudo trabajar en el instituto con Otto Hahn. Por desgracia, durante los primeros años tuvo que hacerlo en el sótano, en un cuarto que había sido una carpintería y que se había habilitado para las mediciones. No cobraba y tenía prohibido subir a los laboratorios del instituto. Para ir al baño tenía que salir a un restaurante cercano. Corría por la calle, helada, con la bata del laboratorio. A veces se cruzaba con algunos químicos del instituto de Fischer, pero estos ni siquiera la saludaban. Por fortuna, en 1909, las leyes cambiaron y Fischer autorizó su ingreso en el departamento de Química. ¡Hasta se construyó un baño para señoritas!

⚛ Otto Hahn

Nacido en Alemania en 1879, a Otto Hahn se le considera injustamente el único descubridor de la fisión nuclear y el padre de la energía nuclear. Gran parte de sus descubrimientos los realizó en colaboración con Lise Meitner, cuya participación a menudo fue omitida, incluso por él. A pesar de esta injusticia, el talento de Hahn como químico está fuera de toda discusión, y además dedicó gran parte de su tiempo a promover la paz mundial.

Max Planck

A este físico y matemático alemán se le considera el fundador de la teoría cuántica, una de las aportaciones científicas de mayor trascendencia de los últimos siglos. Además de un aventajado músico y compositor —aunque abandonó muy pronto estos intereses—, fue uno de los más renombrados físicos de su época y aún hoy da nombre a uno de los centros de investigación científica más avanzados del mundo.

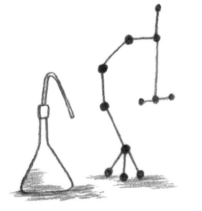

Otto Hahn era un químico excelente y un hombre encantador, con un gran bigote. El equipo que formaba con Lise Meitner investigaba y publicaba artículos con éxito. Ella vivía en una residencia humilde, sobreviviendo a base de café y pan negro. En 1911, cuando tenía 33 años, murió su padre. El dolor de aquella pérdida se unió a la incertidumbre sobre su futuro. ¿Qué iba a hacer ella sin el dinero que le daba su padre?

—Además —me dijo la anciana—, también me cuestionaba mi decisión de dedicarme a la física. Suponía un camino duro, solitario y singular. Pero mi pasión y mis buenos amigos me hicieron seguir adelante.

Planck la contrató y en 1912 la nombraron «física invitada» del Instituto de Química Kaiser Wilhelm, que se acababa de crear. Allí, junto a Otto, comenzó la búsqueda de un nuevo elemento radiactivo.

—¿Y sabes qué hice con mi primer sueldo? ¡Alquilar un piso y comprarme un piano! —rio la anciana Lise Meitner, achicando sus ojos cansados.

Pero la dicha duró poco. En 1914 se declaró la Primera Guerra Mundial. Hahn tuvo que ir a luchar al frente y Lise siguió en solitario con las investigaciones, hasta que poco después se trasladó a un hospital para trabajar como voluntaria, y más tarde a Italia. Allí se dedicó a radiografiar a los heridos de guerra en busca de balas.

Hacia el final de la guerra, de vuelta a su laboratorio, Lise continuó investigando e informaba por carta a Otto de sus avances, hasta que un día vio algo muy claro: ¡allí estaba el elemento radiactivo que tanto tiempo habían estado buscando! Corrió a escribirle a Hahn para hacerle llegar la

noticia. Pronto publicaron los resultados y le dieron a ese elemento radiactivo el nombre de protactinio.

Al acabar la guerra, en 1919, les informaron de que el descubrimiento del protactinio era merecedor de la medalla Emil Fischer. Hahn, sin embargo, arrugó la frente mientras le leía la noticia:

—La medalla me la dan a mí, Lise. El tribunal te ofrece solo una copia.

Ella no dijo nada. Cerró los párpados y suspiró decepcionada. No asistió a la ceremonia ni recogió su copia.

Los rayos X y la radiografía

Los rayos X son ondas de alta energía, invisibles al ojo humano, capaces de atravesar nuestro cuerpo y de imprimir imágenes fotográficas o *radiografías*. Los tejidos suaves no llegan a absorber estos rayos, mientras que los de mayor densidad, como los huesos, sí. Por este motivo, las radiografías permiten obtener la imagen de nuestros huesos y órganos.

Después de la guerra, durante los alegres años veinte, llegó una buena época de investigación, conferencias y reconocimientos. Lise ya era catedrática de Física Nuclear Experimental en el instituto. En ese campo se sucedían nuevos descubrimientos.

—Era una época emocionante —me dijo la anciana con los ojos iluminados—. ¡Estábamos desentrañando los misterios de la materia!

Ambos convencieron al joven químico Fritz Strassmann para que se uniera a ellos. Aquella sería una gran decisión.

Juntos descubrieron al menos diez productos radiactivos nuevos. Sin embargo, la desgracia volvía a cernirse sobre Europa como la gran sombra de un ave carroñera.

⚛ Bombardeo de neutrones

En 1932, James Chadwick realizó un descubrimiento fundamental en el campo de la ciencia nuclear: el neutrón, la partícula del núcleo del átomo sin carga eléctrica. Al carecer de carga y no interaccionar con partículas cargadas, el neutrón es capaz de penetrar los elementos más pesados.

⚛ La fisión nuclear

Lise Meitner y Otto Hahn investigaron bombardeando neutrones contra uranio, el elemento más pesado conocido. Suponían que el uranio absorbería el neutrón dando lugar a otro átomo de uranio más pesado, pero lo que se encontraron fue que parte del uranio se transformaba en elementos diferentes más ligeros y que al hacerlo se desprendía mucha energía. El neutrón partía el núcleo de uranio en átomos menos pesados, dando lugar a... ¡la fisión nuclear!

El Holocausto

Durante la Segunda Guerra Mundial, mientras Adolf Hitler fue el líder de Alemania, sus seguidores, los nazis, asesinaron a más de seis millones de personas judías. Desde hacía años la propaganda política nazi culpaba a los judíos, de forma injusta y muy racista, de los problemas económicos de su país. Fue así como se justificó que se les enviara a campos de concentración para ser exterminados en cámaras de gas.

Estaba gestándose una de las épocas más terribles de la historia de la humanidad. En 1933, un nazi llamado Adolf Hitler llegó al poder en Alemania y muy pronto comenzó la persecución contra los judíos. Hubo despidos y emigraciones forzosas de muchos científicos. A Lise le dijeron que tenía una cuarta parte de sangre judía. Por fortuna, era austriaca y no alemana, y gracias a eso estuvo a salvo por un tiempo.

Lo que Lise veía a su alrededor no le gustaba nada, pero se resistía a abandonar su laboratorio. El instituto lucía la bandera con la esvástica nazi. Cuando había mítines políticos, los laboratorios se vaciaban. Algunos volvían cantando el himno nazi. Pero el peor de todos era el químico Kurt Hess, vecino de Lise, un hombre ambicioso y fanático, que llegó a denunciarla. Hasta que un día Hahn le pidió que no volviera al instituto, pero ¿qué podía hacer?

Poco después Austria se anexionó a Alemania y Lise se vio obligada a abandonar el laboratorio donde llevaba trabajando 31 años. También le prohibieron salir del país.

—Fue un error no haberme marchado cuando todo comenzaba —me explicó la anciana. Sus ojos se aguaron tristemente—. Entonces yo ya casi no tenía escapatoria, pero, por fortuna, de nuevo, mis buenos amigos vinieron a rescatarme.

A las ocho de la tarde del 12 de julio de 1938, Lise Meitner dejó su laboratorio y corrió a casa. Tenía el tiempo justo para hacer sus dos maletas. Su amigo holandés Dirk Coster había conseguido permisos para que aceptaran a Lise en su país y la esperaba escondido en Berlín. ¡No podían descubrirlos! Lise pasó sus últimos días en Alemania en casa de su compañero Otto Hahn. Antes de irse, Hahn la detuvo:

—Toma el anillo de diamantes de mi madre. Si las cosas van mal, podrás sobornar a los guardias en la frontera.

Ella lo guardó, agradecida y nerviosa. Cuando llegó a la estación, el terror la paralizaba.

Kurt Hess, su vecino, el fanático nazi, sospechó de sus movimientos y escribió una nota a la policía avisando de su huida. La nota tardó en llegar a su destino y ese retraso la salvó.

En la frontera, lograron engañar a los guardias, que creyeron que Lise era la esposa de un científico apellidado Meitner. ¿Cómo iba a ser aquella mujer de casi 60 años una científica? De esta manera, tras un largo viaje, Lise llegó a Holanda a salvo. Tan solo llevaba diez marcos en su bolso y el anillo que le había dado su compañero Otto Hahn.

Antisemitismo y éxodo

Adolf Hitler no fue el primero en promover el odio hacia los judíos, un fenómeno que denominamos «antisemitismo». Se trata de un sentimiento de hostilidad, un rechazo sin ningún motivo real hacia unos supuestos valores morales o conductas de las personas judías. Este injusto fenómeno ha convertido a los judíos en un pueblo perseguido durante siglos.

Los protagonistas de esta terrible guerra fueron, de un lado, las potencias del eje (Alemania, Japón e Italia) y del otro, las fuerzas aliadas (Francia, Reino Unido, Rusia y Estados Unidos). Fue la guerra con más víctimas de la historia, unos 70 millones. Comenzó con la invasión de Polonia por parte de Alemania en 1939 y se desarrolló por gran parte de Europa, varios países africanos y casi toda el Asia Oriental, Oceanía y las islas del Pacífico.

Pocas semanas después de su huida, Lise aceptó la invitación para trabajar, por un modesto sueldo, en el Instituto Nobel de Física Experimental de Estocolmo. A pesar de la situación política, Lise continuó en contacto con Otto Hahn y se reunieron clandestinamente en Copenhague para planificar los experimentos que él llevaría a cabo en su laboratorio. No entendían por qué bombardeando uranio con neutrones aparecían elementos menos pesados. ¿Si se absorbía un neutrón, no debería resultar un uranio más pesado? ¿Habrían hecho algo mal? Hahn escribió a Lise para contárselo y pedirle una interpretación.

Cuando recibió la carta, Lise estaba pasando las navidades con una amiga en un pueblecito de Suecia. Su sobrino, Otto Frisch, hijo de su hermana Gusti, que también era físico, aprovechó para visitarla. Lise y su sobrino caminaron por los bosques nevados dándole vueltas a la carta de Hahn. Otto llevaba esquís y ella iba a pie. El viento frío les golpeaba las mejillas. Lise se detuvo. Lo que había ocurrido era que el núcleo del átomo de uranio se había dividido en trozos al absorber el neutrón. ¡Eso era! Y a ese fenómeno, desconocido hasta entonces, lo llamaron fisión nuclear.

Lise y su sobrino se miraron a los ojos. Estaban rodeados de nieve y excitados por el descubrimiento. Publicaron su interpretación pocos meses antes de que estallara la Segunda Guerra Mundial.

El Proyecto Manhattan y las bombas atómicas

Este plan secreto fue puesto en marcha en Estados Unidos durante la Segunda Guerra Mundial para desarrollar la bomba atómica. Aprovechando la energía producida por la fisión nuclear, descubierta por Lise Meitner y Otto Hahn, este tipo de bomba lograba una potencia muy superior. Con dos de estas bombas, lanzadas sobre Hiroshima y Nagasaki, Estados Unidos forzó la rendición de Japón en la guerra, causando cientos de miles de muertos.

A causa de aquella guerra, enseguida se planteó la posibilidad de construir un arma de una potencia hasta entonces desconocida: la bomba atómica. ¿Cómo? Pues aprovechando la gran cantidad de energía que se desprendía en la fisión nuclear, el nuevo fenómeno físico descubierto por Lise y Otto Hahn. En 1943, Lise recibió una propuesta de Estados Unidos para participar en aquel trabajo, conocido como Proyecto Manhattan. Ya estaban enfrascados en él científicos como su propio sobrino, Otto, o Albert Einstein. Pero ella sintió un escalofrío de horror y rechazó la idea de inmediato.

En agosto de 1945, Lise se encontraba en un pequeño hotel cercano a la casa de campo de unos amigos cuando se enteró de los bombardeos con bombas

atómicas de Hiroshima y Nagasaki, en Japón. El horror la paralizó. Salió a pasear durante cinco horas, consternada. Al llegar al hotel, tenía decenas de llamadas de periodistas. Durante semanas la prensa la nombró «la madre judía de la bomba atómica» y aquello la llenaba de dolor.

Otto Hahn se enteró de los bombardeos durante su arresto en Inglaterra, donde estaba retenido por haber trabajado como científico para los nazis. También se sintió conmocionado y dolido. Unos meses más tarde se enteró de que le otorgaban el Premio Nobel de Química, a él en solitario, por el descubrimiento de la fisión. Al recogerlo, no mencionó en ningún momento la contribución de Lise Meitner a sus investigaciones.

«No se nos debe culpar a los científicos de los usos que los técnicos de la guerra dan a nuestros descubrimientos.»

—¡No es justo! —me indigné al escuchar a la anciana—. Usted había trabajado en ello con él, le había propuesto el tema y lo había interpretado correctamente, algo que él no hizo.

La anciana me sonrió con dulzura. Movió su mano levemente, como una pequeña grulla, y me dijo:

—Bueno, en su momento me molestó, pero yo no puedo quejarme. También tuve muchos reconocimientos. Incluso en Estados Unidos, cuando fui de visita en 1946, me nombraron la mujer del año. ¡Y comí junto al presidente Harry Truman!

Agitó entonces la carta que yo le había entregado y añadió:

—Y ahora esto. Me informan de que nos conceden a Hahn, a Strassmann y a mí el Premio Enrique Fermi. Pero ¿sabes qué? Al final lo importante no es esto. Lo importante es poder dedicarte a lo que verdaderamente te apasiona, y en eso yo fui muy afortunada. La física es la búsqueda de lo que mueve y explica el universo, esa música secreta escrita en números, y ese fue mi lugar en el mundo.

Me despedí de la anciana conmovido. De pronto sentí que yo también debía buscar aquello que llenara mi vida. Tal vez en los estudios, como ella, podría encontrarlo. Decidí que lucharía como Lise por hallar mi lugar en el mundo.

EL ÁTOMO

La materia está compuesta de átomos, tan pequeños que hay millones de ellos en un punto que pintamos con un lápiz. En el mundo hay 118 tipos de átomo diferentes (92 naturales y 26 obtenidos en laboratorios). La materia que vemos es la combinación de estos átomos.

Los átomos a su vez se componen de un núcleo atómico formado por dos tipos de partículas: protones (con carga eléctrica positiva) y neutrones (sin carga), y una corteza con electrones (carga negativa) girando alrededor del núcleo. Los electrones son casi dos mil veces más ligeros que los protones o neutrones.

¡Imagina! Si el átomo fuera del tamaño de un campo de fútbol, el núcleo atómico sería del tamaño de un guisante. Y prácticamente toda la masa de ese átomo estaría concentrada en el guisante.

Los 118 tipos de átomos que existen se diferencian entre sí por el número de protones, o número atómico, que tiene su núcleo. Por ejemplo, el hidrógeno solo tiene un protón en el núcleo, y el uranio tiene 92 protones.

Al átomo con 109 protones en el núcleo que se obtuvo artificialmente en el año 1982 se le dio el nombre de meitnerio en honor a Lise Meitner.

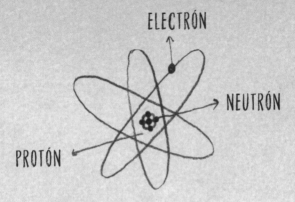

LA RADIACTIVIDAD

Algunos átomos tienen una composición de protones y neutrones que no es estable. Para que estos alcancen la estabilidad, el núcleo atómico emite radiación o partículas. A este proceso se le llama radiactividad. Cuando se bombardea un núcleo atómico estable con partículas, podemos convertirlo en inestable. A eso se le llama radiactividad artificial.

La fisión nuclear

La fisión nuclear se produce cuando el núcleo de un elemento muy pesado —es decir, con muchos protones en el núcleo atómico— se divide en núcleos más ligeros al ser bombardeado con neutrones. Esto ocurre por ejemplo con el uranio. Digamos que si lanzamos un pelotazo (un «neutronazo») a un núcleo atómico muy pesado (con muchas partículas), el núcleo absorbe esa pelota (neutrón) y se divide en trozos. Cada trozo resultante será un nuevo elemento más ligero.

La bomba atómica

Cuando un neutrón fisiona un núcleo atómico, libera mucha energía. En cada fisión se desprenden además dos o tres neutrones. Esos neutrones chocarán con otros átomos que se dividirán desprendiendo cada uno dos o tres neutrones, que a su vez chocarán con otros, produciéndose así una reacción en cadena que libera una cantidad increíble de energía. Exactamente así es como funciona la bomba atómica.

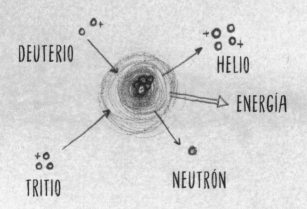

LA PROTAGONISTA

Lise Meitner nació en Viena, en el Imperio austrohúngaro, el 17 de noviembre de 1878, en una familia judía. A pesar de las dificultades a las que se enfrentaban las mujeres para poder estudiar, en 1907 Lise se doctoró en Ciencias Físicas. Ese mismo año se trasladó a Berlín para seguir las clases de Max Planck en la Universidad Federico Guillermo. Allí desarrolló, con Otto Hahn, una investigación que duraría más de 30 años.

Desde 1917 hasta 1938 fue jefa del departamento de Física del Instituto Káiser Guillermo de Berlín, donde en 1918 descubrió el protactinio trabajando codo con codo con Hahn. En 1938 tuvo que huir de Alemania por su condición de judía y se unió al personal de investigación atómica del Instituto Nobel de Física Experimental, en Estocolmo.

Con la contribución de Meitner, Otto Hahn y Fritz Strassmann se produjo en Berlín el primer ejemplo de fisión nuclear. En 1939, Hahn

GRANDES HITOS DE LA HISTORIA

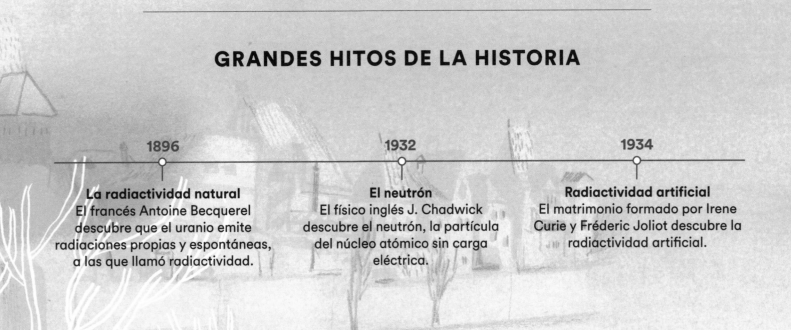

1896

La radiactividad natural
El francés Antoine Becquerel descubre que el uranio emite radiaciones propias y espontáneas, a las que llamó radiactividad.

1932

El neutrón
El físico inglés J. Chadwick descubre el neutrón, la partícula del núcleo atómico sin carga eléctrica.

1934

Radiactividad artificial
El matrimonio formado por Irene Curie y Fréderic Joliot descubre la radiactividad artificial.

publicó sus resultados. Meitner, junto a su sobrino Otto Frisch, dio la explicación válida al fenómeno e introdujo el término de fisión nuclear. Al final de la Segunda Guerra Mundial, Otto Hahn recibió en solitario el Premio Nobel de Química por el descubrimiento de la fisión nuclear, que recogió el 13 de diciembre de 1946.

En su larga vida, Meitner dio a imprenta casi un centenar de publicaciones científicas, recibió cinco doctorados y muchos reconocimientos, entre ellos la Medalla de Oro Max Planck, en 1949, y el Premio Enrico Fermi, en 1966.

En 1960 se retiró a Inglaterra, a la ciudad de Cambridge. Falleció el 27 de octubre de 1968 y fue enterrada en Bramley. Su sobrino Otto Frisch inscribió en su lápida: «Lise Meitner: una física que no perdió la humanidad».

1938

Fisión nuclear
Lise Meitner, Otto Hahn y Fritz Strassman descubren que, mediante el bombardeo de átomos pesados como el uranio con neutrones, es posible «escindir» los átomos en fragmentos más pequeños y liberar así mucha energía: la fisión nuclear.

1942

Reacción en cadena
A raíz de una serie de experimentos secretos, Enrico Fermi creó la primera reacción en cadena autosostenida, un paso crucial en el desarrollo de la bomba atómica.

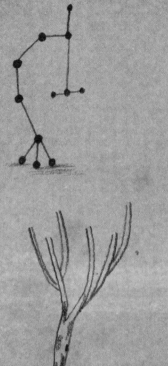

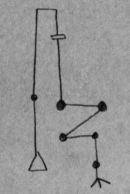
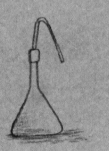

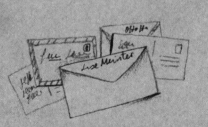